AF467455

4° Lb57
16620

L'ASSOCIATION
RÉPUBLICAINE
DE RÉNOVATION NATIONALE
ET
LE CLUB DE LA RENAISSANCE
FRANÇAISE

Leur rôle — Les services qu'ils ont rendus
et qu'ils continuent à rendre

PARIS
12, Rue de Poitiers
1926

BIBLIOTHÈQUE NATIONALE
R.F.
IMPRIMÉS

LE PETIT SALON.

L'ASSOCIATION RÉPUBLICAINE DE RÉNOVATION NATIONALE ET LE CLUB DE LA RENAISSANCE FRANÇAISE

Leur rôle — Les services qu'ils ont rendus et qu'ils continuent à rendre

PARIS
12, Rue de Poitiers
1926

4° Lb57
16670

F 141)

Association Républicaine de Rénovation Nationale

COMITÉ DIRECTEUR

MM. **Max LECLERC**, Président
René ROBARD, Vice-président
Gabriel ARNOU
Maurice BOKANOWSKI
Hippolyte BOUCHAYER
Camille BOUGLÉ
Maurice CAULLERY
Ferdinand LARNAUDE
Commandant LATEULÈRE
Paul PETIT

Club de la Renaissance Française

COMITÉ

MM. **Maurice CAULLERY**, Président
Max LECLERC } Vice-présidents
René ROBARD }
Gabriel ARNOU
Maurice BOKANOWSKI
Camille BOUGLÉ
Hippolyte BOUCHAYER
Général CARTIER
Général CHAPEL
Ferdinand LARNAUDE
Commandant LATEULÈRE
Paul PETIT
Henry de PEYSTER

Secrétaire général : **Georges LAFOND**

L'Association Républicaine de Rénovation Nationale

Discours prononcé par M. MAX LECLERC, *Président de l'Association, à l'Assemblée générale du 5 mai 1926.*

Les origines. L'idée de fonder l'Association Républicaine de Rénovation Nationale s'est imposée vers la fin de la guerre, au moment où l'on put songer enfin à relever les ruines et à préparer l'avenir.

L'un d'entre nous reçut un jour, au printemps de 1918, la visite d'un ami, professeur à la Sorbonne, qui revenait des États-Unis où il avait été appelé pour enseigner comme « exchange professor » à l'Université Harvard :

« De nombreux professeurs américains, disait le voyageur, se préparent à venir en France comme chargés de mission, soit par leurs Universités, soit par le Gouvernement fédéral. »

Innombrables, en effet, furent, pendant et après la guerre, les Universitaires américains associés aux œuvres de guerre et de paix que les U. S. A. fondèrent alors en Europe et particulièrement en France.

Et, comme notre professeur en Sorbonne avait reçu à Harvard l'hospitalité traditionnelle, comme il avait pu constater que les gradués des Universités, devenus hommes de loi, médecins, ingénieurs, financiers, ne reculent devant aucun sacrifice pour créer autour de leur chère Université tout ce qui peut y rendre la vie plus agréable et le commerce plus utile, comme il avait été lui-même admis dans ces clubs universitaires où les anciens étudiants continuent à fréquenter l'Alma Mater et où les étrangers sont libéralement accueillis, l'idée s'imposa à lui et à son interlocuteur, — qui, lui aussi, connaissait les Universités américaines, — qu'une institution de ce genre devait être créée en France : il fallait prolonger au delà de la guerre, entre Français d'abord, puis entre Français et Alliés, le rapprochement qui s'était fait au front et à l'arrière entre les hommes d'action et les hommes de pensée, entre les universitaires et les producteurs. Cette idée, ils la firent partager par un groupe d'industriels : l'Association Républicaine de Rénovation Nationale fut fondée (août-novembre 1918) et la Maison de la rue de Poitiers, dès les premiers jours, l'abrita.

Le but. Le but que poursuivaient les fondateurs était double :

1° Rapprocher les élites pensantes et agissantes de France, trop généralement isolées les unes des autres ; créer un centre où pourraient se rencontrer et collaborer les hommes les plus représentatifs dans chacune des branches de l'activité nationale (industrie, commerce, enseignement, professions libérales) ;

2° Fournir aux élites ainsi groupées la documentation dont elles pourraient avoir besoin sur les problèmes qui se posent chaque jour devant l'opinion publique.

Pour réaliser ce programme de rapprochement des élites, l'Association Républicaine de Rénovation Nationale fut amenée aussitôt à fonder le Club de la Renaissance française : à l'exemple des grands clubs américains et anglais, par ses salons, sa bibliothèque, ses salles de lecture et de conférences, enfin (last not least) par son restaurant, ce Club allait constituer le centre de rapprochement dont le manque s'était fait sentir jusqu'alors.

Trait d'union entre Paris et la province, il est aussi l'organe indispensable d'un contact intellectuel aisé et permanent avec nos amis de l'étranger.

Nous croyons être parvenus à réaliser cette partie essentielle de notre programme ; il suffit, pour s'en convaincre, de parcourir la liste déjà longue des personnalités qui fréquentent notre maison, qui assistent à nos conférences, qui font appel à nos services de documentation et d'études ; elles appartiennent à tous les pays du monde et occupent dans chacun d'eux des situations éminentes.

Les savants étrangers de passage à Paris, les diplomates, les hommes d'État, les journalistes, qui exercent dans leurs pays respectifs une influence sur l'opinion et sur les affaires publiques, sont ici entrés en contact avec nos savants, nos diplomates, nos hauts fonctionnaires, nos industriels et nos financiers. Ces rencontres furent souvent fécondes en résultats, et nous croyons avoir ainsi collaboré au développement de l'influence française à l'étranger.

Les services de documentation. Notre programme visait aussi à recueillir, pour la tenir à la disposition de ses membres, une documentation aussi complète que possible sur tous les problèmes actuels, politiques et économiques. Nous avons, dès le premier jour, méthodiquement poursuivi la réalisation de ce plan, et l'on se plaît à reconnaître généralement que notre office de documentation occupe un rang fort honorable parmi les institutions analogues existant en France. Nous dépouillons régulièrement 40 journaux quotidiens de Paris, 42 journaux de province et 20 journaux étrangers, représentant toutes les opinions, 30 revues françaises, 32 publications économiques françaises de périodicités diverses, 25 publications économiques étrangères, 32 publications de politique étrangère, 40 publications techniques comprenant toutes les branches de l'industrie, 20 publications traitant des questions sociales et ouvrières, 10 publications juridiques,

BIBL. NATIONALE

LE GRAND SALON.

6 publications pédagogiques, 16 publications coloniales et maritimes.

Nous recevons, en outre, les bulletins et documents publiés par les Chambres de commerce françaises et étrangères, par les Offices coloniaux, Groupements, Associations, et Comités d'études, par les Syndicats industriels, les grandes Banques françaises et étrangères, les Associations régionales, les Associations confessionnelles.

Ces journaux, ces revues, ces bulletins et ces ouvrages sont lus, traduits, résumés et classés. Les renseignements qui en sont extraits sont répartis en plusieurs sections ordonnées d'après une classification générale.

Chaque renseignement figure en deux endroits différents : d'abord l'article lui-même, ou le résumé de l'article, est placé dans le dossier relatif à la question dont il traite ; en second lieu, il fait l'objet d'une ou plusieurs fiches qui sont classées par ordre alphabétique dans un fichier.

Nous avons ainsi constitué un nombre considérable de dossiers sur les principales questions économiques et financières contemporaines, et établi un vaste répertoire de fiches qui renvoie à ces dossiers.

A l'heure actuelle, nous possédons 4000 dossiers et plus de 20000 fiches.

Cette documentation générale a déjà rendu et continue à rendre chaque jour d'appréciables services. Nous pourrions citer tel parlementaire, tel professeur, tel journaliste, tel homme d'affaires qui ont trouvé ici l'essentiel de la documentation dont ils se sont servis pour telle intervention à la tribune, tel article, telle entreprise ; c'est ici même, grâce à nos dossiers toujours à jour, que telle brochure de propagande a pu être préparée, que les bases de tel rapport parlementaire qui a groupé une grande majorité à la Chambre ou au Sénat ont été établies. Notre service de documentation fonctionne de la manière suivante : ou bien nos dossiers sont consultés sur place, ou bien nous envoyons par correspondance les renseignements demandés, ou bien encore nous établissons un dossier spécial sur telle question qui nous est posée et nous le confions à celui de nos membres qui nous a sollicités. Nous devons à la vérité de reconnaître que ces dossiers ne nous reviennent que fort rarement, mais nous acceptons volontiers cette légère disgrâce parce qu'elle nous autorise à conclure que notre dossier était intéressant, et nous avons la faiblesse de préférer le membre qui abuse au membre qui n'use pas du tout.

Trop de nos membres qui, cependant, fréquentent notre maison, semblent ignorer les services que nous pourrions leur rendre ou, s'ils en ont connaissance, oublient de frapper à notre porte ; nous le regrettons très sincèrement, pour eux d'abord, et aussi pour nous qui pourrions leur démontrer les richesses et trésors où ils dédaignent de puiser. Nous serions heureux qu'un plus grand nombre d'hommes d'affaires et d'intellectuels voulussent bien nous consulter. Nous ne prétendons pas qu'en toute occasion ils trouveront sur l'heure un dossier complet sur toute question imaginable, mais ils obtiendront presque toujours un renseignement substantiel pour commencer, et puis nous compléterons, par enquêtes et recherches, la documentation initiale.

Les conférences. Par d'autres procédés encore, nous nous sommes efforcés d'être utiles : nous avons organisé des conférences sur tous les principaux sujets d'actualité. Il suffira de rappeler quelques titres et quelques noms pour donner une idée de la variété et de l'ampleur des sujets traités :

La Dépopulation, par M. A. LANDRY, député de la Corse.

Ce qu'il faut conserver du socialisme, par M. Ed. LASKINE, agrégé de l'Université, avocat à la Cour d'appel.

Les problèmes financiers d'après guerre, par M. William OUALID, professeur à la Faculté de Droit de Paris.

La vie chère (les causes et les remèdes), par M. Roger PICARD.

Le principe nouveau de la politique commerciale de la France, par M. PILA, ministre plénipotentiaire.

Les finances privées, par M. Robert WOLFF, ingénieur des Ponts et Chaussées.

L'impôt sur le chiffre d'affaires, par MM. BOKANOWSKI et William OUALID.

L'arbitrage obligatoire, par M. NECTOUX, député de la Seine.

Le prélèvement sur le capital, par MM. LOUCHEUR et GOUNOUILHOU.

Le budget de 1922, par M. BOKANOWSKI, député de la Seine.

Le problème des réparations, par M. DE LASTEYRIE, député.

Les aspects monétaires du problème financier, par M. Jules DESCAMPS, directeur des Études économiques à la Banque de France.

Les monopoles d'État, par M. Louis DESCAMPS, député, ancien sous-secrétaire d'État des P. T. T.

La contribution exceptionnelle sur les fortunes comme remède à la situation financière, par M. Raoul ANGLÈS, député.

L'actif de la France, par M. LAFARGE, député.

La Pologne nouvelle, par M. G. BIENAIMÉ, membre du Comité France-Pologne.

La situation présente de l'Allemagne, par M. H. LICHTENBERGER, professeur à la Sorbonne (retour de mission en Allemagne).

La Tchécoslovaquie et la conférence de Gênes, par M. Stephen OSUSKY, ministre plénipotentiaire de Tchécoslovaquie à Paris.

La Fédération des Républiques soviétiques et le rôle de cette fédération à Gênes, par Mlle Louise WEISS, rédacteur en chef de *l'Europe nouvelle*.

Le nouveau régime des chemins de fer, par M. Henri LORIN, député, rapporteur du budget des Travaux publics.

La spéculation illicite, par M. RAYNALDY, député, auteur d'une proposition de loi.

Ce qu'on dit, ce qu'on fait, ce qu'on voit à Gênes, par M. NOBLEMAIRE, député.

L'organisation scientifique, ce qu'elle peut et doit amener en France, par le commandant VAUDEIN.

Angora et la paix en Orient, par M. FRANKLIN-BOUILLON, député.

LA GRANDE SALLE A MANGER.

La Syrie et son avenir économique, par M. GAUTHEROT, ancien capitaine d'État-major aux troupes françaises du Levant.

La crise de l'apprentissage et les chambres de métiers, par M. KOSZUL, ingénieur.

L'heure d'été, par M. POUZIN, député.

Les accords commerciaux et la politique contractuelle de la France, par M. Daniel SERRUYS, directeur des accords commerciaux et de l'information économique au ministère du Commerce.

L'industrie française de la soie, par M. E. FOUGÈRE, président du Comité National de la Soie.

Le Rhin et le Port de Strasbourg, par M. DETŒUF, ingénieur des Ponts et Chaussées.

L'Office national du Commerce extérieur, son organisation et les services qu'il peut rendre à notre industrie, par M. Guillaume de TARDE, directeur de l'Office national du Commerce extérieur.

La Commission des Réparations : 1° *Son organisation administrative*; 2° *Les prestations en nature de l'Allemagne*, par M. R. BORIS, ingénieur en chef du Génie maritime, détaché à la Commission des Réparations.

La controverse protectionniste en Grande-Bretagne, par M. André SIEGFRIED, professeur à l'École des Sciences politiques.

***

Nous avons voulu nous borner ici à retracer sommairement les efforts qui ont été accomplis pour réaliser le programme que les fondateurs de notre association s'étaient assigné.

Dès maintenant l'on peut se rendre compte qu'une telle œuvre, qui fut dès son origine un acte de foi, qui est restée une œuvre de patience et de désintéressement et qui demeurera, nous en avons le ferme espoir, une institution durable, parce qu'elle est plus que jamais nécessaire, n'a pas été sans exiger de lourds sacrifices.

La tâche accomplie témoigne que ces efforts et ces sacrifices étaient justifiés. Ils méritent donc d'être encouragés et secondés par tous ceux qui approuvent notre entreprise et partagent notre foi. Nous leur demandons en toute confiance de nous continuer leur concours, de l'accroître même et de faire auprès de leurs amis la bonne propagande pour l'œuvre commune, car, comme dit le poète, « la foi qui n'agit pas, est-ce une foi sincère ? »

Nous avons été grandement aidés dès l'origine par l'Association dite *Le Rapprochement Universitaire*, dont le nom est un symbole : notre idéal étant le même, nous lui avons ouvert nos portes toutes grandes et l'intimité entre nous est devenue une collaboration constante et une amitié indissoluble.

Plus récemment (20 février 1923), nous avons conclu avec l'Association dite *La Maison des Polytechniciens* une union étroite qui, pour ainsi dire, s'imposait également. Toutes nos vues sont communes et notre toit semblait prédestiné à abriter la grande famille des X.

Grâce à ces accords avec deux des plus importants groupements qui forment l'élite de l'intelligence et de sa production, nous pensons avoir rapproché dans cette maison historique de la rue de Poitiers, en un cadre de vieille France, ceux qui travaillent d'un même cœur, par la Rénovation nationale, à la Renaissance française.

Le Club de la Renaissance Française

Rapport de M. CAULLERY, *professeur à la Sorbonne, ancien Président du Rapprochement Universitaire, Président du Club de la Renaissance Française, présenté à l'Assemblée générale du* 5 *mai* 1926.

A un moment où se précisent les destinées de l'A. R. R. N. et du Club de la Renaissance Française pendant les prochaines années, il a semblé utile de jeter un coup d'œil d'ensemble sur les rapports du Club de la Renaissance Française avec le *Rapprochement Universitaire*, depuis la fondation du Club jusqu'à ce jour. Ces rapports, en effet, sont un élément important dans la vie des deux sociétés et l'accomplissement du programme qu'elles s'étaient proposé. Les origines du Club de la Renaissance et du Rapprochement Universitaire, qu'il est nécessaire de rappeler tout d'abord, sont étroitement liées, presque communes.

Les relations intellectuelles interalliées pendant et après la guerre.

La guerre avait multiplié les contacts entre l'élite des pays alliés ; en particulier, de nombreux universitaires avaient été envoyés en mission à l'étranger et une de leurs impressions les plus vives avait été le contraste entre les facilités qu'ils avaient trouvées au dehors, surtout l'hospitalité cordiale et agréable des Clubs des États-Unis, et l'absence de toute ressource analogue à Paris pour les étrangers venant chez nous dans des conditions similaires. Or, il était évidemment d'un intérêt national de faciliter aux hommes éminents, venant en France, l'accès des milieux intellectuels parisiens et de les amener à avoir, de leur séjour, des impressions agréables. Au reste, on recevait souvent la confidence qu'il y avait dans ce sens une grave lacune à combler à Paris. Sans doute, les mœurs anglo-saxonnes sont éminemment favorables à l'organisation de semblables clubs, et, aux États-Unis, en particulier, par le rôle social des Universités, des clubs très bien installés groupent les représentants des diverses professions. A Paris, il était beaucoup plus difficile de constituer des institutions analogues, soit dans l'Université seule, soit, comme c'était préférable, en réunissant des hommes d'occupations et de mentalités diverses.

Le Rapprochement Universitaire et le Club de la Renaissance Française.

C'est du désir de constituer un Club répondant à ces besoins qu'est née, au début de 1918, la société du *Rapprochement Universitaire* ; elle groupait des professeurs qui voulaient réaliser ce désideratum. Malheureusement, livré à lui-même, le milieu universitaire ne pouvait guère réunir les ressources nécessaires. Le projet eut la bonne fortune d'intéresser tout d'abord, vivement, M. Max Leclerc, qui y apporta un concours des plus actifs et se donna la tâche de réunir, pour la fondation projetée, des personnalités considérables du monde des affaires, de rapprocher les industriels des intellectuels en une œuvre commune, où les premiers apporteraient les ressources matérielles indispensables. M. Max Leclerc gagna à cette cause l'esprit si large et si généreux qu'était le regretté Lazare Lévi. Leurs efforts, avec les modifications et l'extension que subissent presque toujours, à la réalisation, des projets de cet ordre, aboutirent, en 1919, à la double création de l'A. R. R. N. et du Club de la Renaissance Française. Celui-ci était une filiale de celle-là, dont le programme était multiple et ne doit pas être considéré ici. Le Club de la Renaissance Française, soutenu financièrement par l'A. R. R. N., était ouvert dans des conditions d'un libéralisme parfait aux membres du Rapprochement Universitaire, qui y trouvaient, plus somptueusement qu'ils auraient pu le souhaiter, l'organe qu'ils avaient conçu. Ces quelques considérations montrent les rapports étroits entre le Club de la Renaissance Française et le Rapprochement Universitaire ; surtout l'importance du premier dans la vie du second.

Le Club de la Renaissance Française, centre de réception et d'accueil de l'élite étrangère.

Les promesses brillantes que la fondation du Club de la Renaissance Française apportait au Rapprochement Universitaire n'ont pas été démenties par l'événement, mais largement réalisées et, comme on va le voir, le Club a rempli, d'une façon des plus efficaces, le rôle d'intérêt national que les universitaires avaient en vue. Il a été pour cela un cadre des plus élégants et des plus confortables, très favorablement apprécié par les nombreux étrangers d'élite, appartenant aux principales universités des nations alliées, qui ont eu l'occasion de passer ou de séjourner à Paris. Ces personnalités ont pu y être reçues et fêtées par leurs collègues français ; elles ont pu aussi, grâce au règlement libéral du Club, y être temporairement admises comme membres et en jouir à leur guise. Le Club de la Renaissance Française a ainsi été, depuis la signature de la paix, le centre de réception et d'accueil qui manquait à Paris. Le Rapprochement Universitaire ne saurait donc exprimer trop chaleureusement sa gratitude aux fondateurs de l'A. R. R. N. et à toutes les personnes qui en ont assuré l'existence dans une période particulièrement difficile pour des entreprises de ce genre. Il y a eu là un de ces exemples de générosité éclairée et large, qui sont si habi-

LE JARDIN.

tuels dans les sociétés anglo-saxonnes à l'égard des choses intellectuelles, mais qui sont encore peu acclimatés dans nos mœurs françaises, où tous comptent sur l'État pour suffire à toutes les tâches et assumer celles auxquelles il est le moins propre.

Un examen rapide des éphémérides du Club de la Renaissance Française justifiera et précisera les appréciations précédentes. En premier lieu, les membres du Rapprochement Universitaire, individuellement, ou des groupes d'entre eux, ou la Société dans sa totalité, ont maintes fois organisé, rue de Poitiers, des réceptions pour les savants, littérateurs, juristes, etc. de passage à Paris. Comme il est dit plus haut, le Club est devenu le lieu de réception habituel des intellectuels étrangers notoires visitant Paris, et ceux-ci, comme nous en avons de nombreux témoignages, ont su apprécier la qualité de l'hospitalité qui leur était ainsi offerte.

Quelques visiteurs de marque.

On trouverait, dans les rapports présentés annuellement à l'Assemblée Générale de l'A. R. R. N. et du Club de la Renaissance, la liste des personnes qui ont été ainsi reçues à titre en quelque sorte officiel, mais cela ne donne qu'une idée très incomplète de la liste réelle des visiteurs qui ont été reçus dans les salons et le restaurant. Il serait intéressant de dépouiller les registres de signatures déposés dans le vestibule. Toutes les nationalités amies sont représentées par des noms éminents, et il me suffira de relever ici, dans une lecture rapide, entre beaucoup d'autres, les noms du physiologiste anglais Starling, du physiologiste hindou Sir Jagadis Chander Bose, de l'historien et homme d'État roumain Jorga, du mathématicien italien Volterra, de l'historien belge Pirenne, du juriste et homme d'État grec Politis, du physicien américain Michelson, du philologue danois Nyrop, du chimiste danois Sorensen, du président Butler de l'Université Columbia de New-York, du chimiste anglais Sir William Pope, du professeur Cantacuzène de la Faculté de Médecine de Bucarest, du philosophe anglais Sir James Frazer, du physicien suédois Sv. Arrhenius, de l'historien italien G. Ferrero, — et beaucoup d'entre eux ont été à plusieurs reprises les hôtes du Club, — pour qu'aucun doute ne subsiste sur l'utilité effective et considérable que le Club a eue pour les réceptions des notabilités étrangères.

Le Club de la Renaissance Française et l'Office National des Universités.

Le Club a fourni des facilités considérables pour l'accomplissement de leur tâche à divers organismes spéciaux chargés de développer nos rapports intellectuels avec l'étranger. De ce nombre est l'Office National des Universités, qui, sous l'impulsion de son directeur, M. Petit-Dutaillis, a pris un grand développement et joue un rôle très efficace. Or, M. Petit-Dutaillis et ses collaborateurs ont prouvé, par la très fréquente utilisation qu'ils ont faite du Club de la Renaissance Française, qu'ils y trouvaient des ressources précieuses pour leur tâche, soit qu'il s'agît de réceptions particulières, soit pour des cérémonies collectives, concerts ou séances littéraires offerts à des groupes étrangers et consacrés aux œuvres classiques françaises de la musique ou de la littérature.

Bien des congrès réunis à Paris, dans ces dernières années, ont placé dans les salons du Club une de leurs soirées, pour assurer la libre rencontre de leurs membres ; tel a été le cas du Congrès Interallié de Physiologie, en 1921, du Congrès des femmes professeurs, qui réunissait l'élite des femmes anglaises ou américaines appartenant à l'enseignement, et bien d'autres.

Le Club de la Renaissance Française et l'American University Union.

Ainsi, sous des formes multiples et avec une fréquence considérable, le Club de la Renaissance Française a été un des éléments les plus agréables et les plus brillants dont on puisse disposer à Paris, pour la réception de notabilités étrangères. Je ne crois pas indiscret de relater un fait particulier qui me semble un signe tangible de l'opinion favorable des étrangers à cet égard. *L'American University Union,* qui groupe les plus importantes des Universités des États-Unis, a établi à Paris un Office dont le rôle est de s'occuper de tout ce qui intéresse les étudiants américains. Les directeurs qui se sont succédé à la tête de cette organisation, et qui ont tous été pour nous des amis très cordiaux, ont tous adhéré au Rapprochement Universitaire et ont demandé à être admis, en cette qualité, au Club de la Renaissance Française, dont ils ont été parmi les usagers les plus assidus et dont ils ont, dans le privé, maintes fois témoigné leur satisfaction. Ce cas n'est-il pas significatif pour attester que le Club satisfait bien au besoin qu'avait visé à l'origine le Rapprochement Universitaire?

Le Club de la Renaissance Française centre de réunion des grandes sociétés littéraires, artistiques et scientifiques.

Mais il n'a pas été moins utile comme lien entre les intellectuels français. De très nombreuses sociétés, dont certains membres appartiennent au Club, ont choisi les salons de la rue de Poitiers pour le lieu de manifestations diverses, réceptions, séances de discussion ou banquets. En premier lieu, le Rapprochement Universitaire lui-même, mais, à côté de lui, nombre d'autres sociétés, qu'il serait beaucoup trop long d'énumérer ici : groupements universitaires *(Fédération des Associations de l'Enseignement supérieur, Association des agrégés de Médecine, Association des professeurs des Facultés de Droit, Anciens élèves de l'École des Langues Orientales, de l'École des Chartes, Société des Amis de l'École Normale Supérieure,* etc...) ; des Sociétés savantes *(Société de physique)*; des groupements littéraires *(la Critique littéraire, la Critique dramatique, le Livre contemporain,* etc...) ; économiques *(Société des Études économiques, Association et Presse Agricole, Chambre de Commerce Internationale)*; de journalistes *(Association de la Presse étrangère, Presse interalliée,* etc...). Cette courte et nécessairement très incomplète énumération montre que, dans toutes les directions de l'horizon intellectuel, le Club de la rue de Poitiers a été un point de ralliement.

Il faut ajouter encore que beaucoup de déjeuners périodiques s'y sont établis, réunissant les hommes de lettres, notamment un groupe de l'Académie française, les savants, etc... Donc, pour la vie intellectuelle proprement française, comme pour faciliter à celle-ci les contacts directs et cordiaux avec l'étranger, le Club de la Renaissance Française a été un organe vivant et qui rend constamment de très grands services.

Le Club de la Renaissance et le Monde intellectuel.

Il n'a été envisagé ici qu'à un point de vue spécial où il répond à la conception qui a déterminé la naissance même du Rapprochement Universitaire. Mais il y aurait un exposé parallèle à faire des services de même ordre (qu'il n'est pas dans le cadre de ce rapport d'examiner), rendus aux groupements et aux personnalités de l'industrie. Dans la pensée des fondateurs de l'A. R. R. N., le Club de la Renaissance Française avait deux objets principaux : l'un était l'œuvre d'intérêt national aidant à l'expansion intellectuelle de la France et que les pages précédentes résument ; l'autre, qui s'y rattachait d'ailleurs, était de pousser à un rapprochement et à une interpénétration des milieux intellectuels et économiques. Intellectuels et hommes d'affaires se rencontrent journellement. Parmi les réunions particulières qui se font régulièrement rue de Poitiers, il en est qui rassemblent précisément les deux catégories, monde universitaire et industriel, dont les préoccupations scientifiques ou les affaires se rattachent à un même ordre de connaissances.

Est-il permis de constater qu'en Belgique l'initiative prise par le Rapprochement Universitaire a été ponctuellement imitée, avec la circonstance favorable que les reliquats laissés par la coopération américaine d'aide à l'alimentation des pays envahis durant la guerre ont permis de créer une Fondation Universitaire, dont le siège est à Bruxelles? L'une des premières réalisations de cette fondation, pour laquelle les initiateurs sont venus étudier le Rapprochement Universitaire à Paris, a été de créer un Club modèle, où nous trouvons, quand nous allons à Bruxelles, l'hospitalité complète, agréable et confortable, comme dans les Clubs américains. Il y a là une vérification positive de la justesse de l'une des idées dont est sortie le Club de la Renaissance française.

RÉCEPTIONS

DONNÉES EN L'HONNEUR DE PERSONNALITÉS ÉTRANGÈRES

MM.	
ANDRÉADÉS	Professeur à l'Université d'Athènes, Membre de la Commission du Danube.
ANTONOFF	Président du Groupe de l'Alliance Française de Sofia.
ARCE	Professeur à l'Université de Buenos-Aires.
Svante ARRHENIUS .	Professeur à l'Université de Stockholm.
ASZKENAZY	Professeur à l'Université de Lwow, délégué de la Pologne à la Société des Nations.
ATWOOD.............	Président de Clarke University, Worcester (Mass.).
BELIČ	Professeur à l'Université de Belgrade.
Ed. BENES	Ministre des Affaires Étrangères de la République Tchécoslovaque.
BIGNAMI	Professeur à l'Université de Rome.
BOUNINE............	Professeur à l'Académie de Pétrograd.
BOUVIER	Professeur à l'Université de Genève.
BOVET	Professeur à l'Université de Zurich.
BURNET	Sous-Directeur de l'Institut Pasteur de Turin.
BUTLER	Président de Columbia University.
BUXTON.	Lecturer à l'Université d'Oxford.
CANTACUZÈNE	Professeur à l'Université de Bucarest.
CESAREO	Professeur à l'Université de Palerme.
CHAMOT	Professeur à Cornell University.
CHESTOV	Professeur à l'Université de Tauride.
CORNIL	Professeur à l'Université de Bruxelles.
CVIJIČ	Professeur à l'Université de Belgrade.
DAMAS...............	Professeur à l'Université de Liége.
DASKALOFF	Ministre de l'Instruction Publique de Bulgarie.
DAVENPORT	Directeur de la Station Biologique de Cold Spring Harbor.
DESTRÉE	Ancien Ministre des Sciences et des Arts de Belgique.
EHLERS	Professeur à l'Université de Copenhague.
EINSTEIN...........	Professeur à l'Université de Paris.
Guglielmo FERRERO.	Homme de Lettres.
FORD.	Professeur à Harvard University.
FOX	Directeur du Musée de Brooklyn.
Sir James FRASER. ..	Professeur à l'Université de Liverpool.
FUJISHIRO	Directeur du Musée de Tokio.
GANZ	Directeur du Musée de Bâle.
GARNER.	Professeur à l'Université d'Illinois.
GEORGEVITCH.	Ancien Recteur de l'Université de Belgrade, Délégué à Paris du Gouvernement Serbe.

LA PETITE SALLE A MANGER.

GINO ARIAS........	Professeur à l'Université de Gênes.
GOTTHEIL..........	Professeur à Columbia University.
GRONSKI...........	Président du Groupe Académique Russe à Paris.
GUILLAND..........	Professeur à l'École Polytechnique Fédérale de Zurich.
HOBBS.............	Professeur à l'Université de Michigan.
IORGA.............	Professeur à l'Université de Bucarest, ancien Président de la Chambre des Députés.
IVANOF............	Professeur à l'Université de Sofia.
Sir JAGADIS CHANDER BOSE.........	Professeur honoraire à l'Université de Calcutta.
JOAN..............	Professeur à l'Université de Bucarest.
JOERG.............	Professeur à l'Université de New-York.
Johannès JOERGENSEN.	
KAO...............	Directeur de l'Observatoire de Pékin.
KENELLY...........	Professeur à Harvard University.
KILLMANN..........	Doyen du Groupe des Lettres du Groupement Académique Russe de Paris.
KINNOSUKE MIURA.	Professeur à l'Université de Tokio.
KOSTA PETROVITCH	Directeur de l'Enseignement de la Jeunesse S. H. S. en France.
LEBOUCQ...........	Professeur à l'Université de Gand.
LINGELBACH........	Professeur à l'Université de Philadelphie.
MAC DONALD........	Professeur à l'Université d'Édimbourg.
MAC NEILL.........	Professeur à l'Université de Dublin.
MARSTRANDER......	Professeur à l'Université de Christiania.
MEREJKOVSKI......	Homme de lettres russe.
METALNIKOF	Professeur à l'Université de Pétrograd.
MICHELSON	Professeur à l'Université de Chicago.
MIDHAT FRASHERI	Président de la Délégation Albanaise à Paris.
MILLIKAN..........	Professeur à l'Université de Chicago.
F. NERI...........	Professeur à l'Université de Turin.
NITOBE............	Professeur à l'Université de Tokio.
NORDENSKJÖLD	
NYROP.............	Professeur à l'Université de Copenhague.
Rodrigo OCTAVIO ...	Sous-Secrétaire d'État aux Affaires Étrangères des E. U. du Brésil.
OSORIO D'ALMEIDA.	Professeur à l'Université de Rio-de-Janeiro.
PAPPENHEIMER....	Professeur à Columbia University.
PARVAN............	Professeur à l'Université de Bucarest.
PERRY.............	Professeur à Harvard University.
PIBRAN............	Professeur à l'Université de Vienne.
PIRENNE...........	Recteur de l'Université de Gand.
POLITIS...........	Ancien Ministre des Affaires Étrangères de Grèce.
Sir F. POLLOCK.....	Jurisconsulte anglais, membre correspondant de l'Institut de France.
POSADA............	Secrétaire Perpétuel de l'Académie de Bogota.
PUIG Y CADAFALCH	Professeur à l'Université de Barcelone.

DE REYNOLD	Professeur à l'Université de Berne.
ROBERTS MICHELS.	Professeur à Université de Turin.
ROTHE	Ancien Ministre du Commerce de Danemark.
Philippe ROY	Commissaire Général du Canada en France.
RUFINI	Sénateur du Royaume d'Italie, Professeur à l'Université de Turin.
SANDFELD	Professeur à l'Université de Copenhague.
SERRA	Professeur à l'Université de La Havane.
SHOTWELL	Professeur à Columbia University.
SORENSEN..........	Professeur à l'Université de Copenhague.
SPHYRIADÉS........	
SPINAZZOLA........	Surintendant des fouilles et musées de Naples.
SPISEK	Directeur de l'Instruction Publique en Tchécoslovaquie.
STAAF	Professeur de français à l'Université d'Upsal.
STARLING...........	Professeur à « University College » de Londres.
SWARTS	Professeur à l'Université de Gand.
TCHAIKOWSKY.....	Professeur à l'Université de Pétrograd.
TCHOU TCHI KIEN .	Ministre de la République de Chine.
TILLE	Professeur à l'Université de Prague.
TONDURRY.........	Doyen de la Faculté des Sciences de Genève.
TOWNSEND	Professeur à l'Université d'Oxford.
TRICOT-BOYER	Président du Congrès de l'histoire de la Médecine.
TROWBRIDGE.......	Professeur à l'Université de Princeton.
TSAI	Recteur de l'Université de Pékin, Ancien Ministre de l'Instruction Publique de Chine.
TZIZEIKA	Professeur à l'Université de Bucarest.
VAN DYKE..........	Professeur à l'Université de Princeton.
VAN LOCHER.......	Directeur de l'Institut d'Hygiène Tropicale d'Amsterdam.
Lionello VENTURI ...	Professeur à l'Université de Turin.
VILLARAN	Chirurgien des Hôpitaux de Lima.
VOLTERRA	Professeur à l'Université de Rome.
WEBLEN............	Professeur à l'Université de Princeton.
WHEELER..........	Professeur à Harvard University.
Sir WILLIAM POPE ..	Professeur à l'Université de Cambridge.
WILSON-JOHNSON..	Professeur à Columbia University.
ZDRIECHOWSKI....	Professeur à l'Université de Vilna.

PUBLICATIONS EN LECTURE A L'ASSOCIATION RÉPUBLICAINE DE RÉNOVATION NATIONALE

I
JOURNAUX QUOTIDIENS

L'Action Française.
Les Annales Coloniales.
La Cote Desfossés.
Daily Mail.
Daily Telegraph.
La Dépêche Coloniale.
La Dépêche Tunisienne.
L'Écho de Paris.
L'Éclair.
L'Ère Nouvelle.
Excelsior.
Le Figaro.
L'Homme Libre.
L'Humanité.
L'Impartial Français.
L'Intransigeant.
L'Information (édition politique).
L'Information (édition financière).
Le Journal.
Le Journal des Débats.
Le Journal de l'Est.
La Journée Industrielle.
La Lanterne.
La Liberté.
La Liberté du Sud-Ouest.
Le Matin.
La Nacion de Buenos-Aires.
New-York Herald.
Le Nouveau Siècle.
L'Œuvre.
Le Petit Journal.
Le Petit Parisien.
La Petite Gironde.
Le Petit Bleu.
Paris-Midi.
Paris-Soir.
Le Populaire.
Le Quotidien.
Le Rappel.
Le Sémaphore de Marseille.
Le Temps.
La Volonté.

II
PUBLICATIONS LITTÉRAIRES, ARTISTIQUES ET ILLUSTRÉES

Revue des Deux Mondes.
Revue de France.
Mercure de France.
Le Correspondant.
Revue de Paris.
Revue Mondiale.
Revue Bleue.
Revue Hebdomadaire.
Revue Universelle.
Revue Anglo-Américaine.
Revue d'Alsace et de Lorraine.
Revue des Voyages.
Revue de l'Alliance Française.
Revue du Touring-Club de France.
Nouvelle Revue.
Grande Revue.
France et Monde.
Études.
L'Opinion.
La Vie des Peuples.
La Renaissance.
La Douce France.
La France Nouvelle.
L'Illustration.
Le Monde Illustré.
L'Illustré.
La Pensée Française.
The Graphic.

III

PUBLICATIONS POLITIQUES, ÉCONOMIQUES ET FINANCIÈRES

Revue Politique et Parlementaire.
Revue d'Économie Politique.
Revue Économique Internationale.
Revue du Pacifique.
L'Action Nationale.
L'Animateur des Temps Nouveaux.
L'Économiste Européen.
L'Économiste Français.
L'Économiste Parlementaire.
L'Économiste.
Le Monde Économique.
Le Journal des Économistes.
La Réforme Économique.
La Parole Libre.
La Paix par le Droit.
La République.
La Revue de la Bourse et de la Banque.
Le Parlement et la Bourse.
Finance et Production.
Bulletin Financier du Haut-Commissariat Français dans les Pays Rhénans.
Les Cahiers des États généraux.
Politica.
La République Démocratique.
La Démocratie Nouvelle.
L'Illustration Économique et Financière.
L'Expansion Économique.
La Vie Économique.
Le Journal des Chambres de Commerce.
Le Réveil Économique.
L'Avenir Économique.
Bulletin de la Société de Statistique.
L'Exportateur Français.
Le Moniteur de l'Exportation.
Les Échos de l'Exportation.
L'Écho Commercial et Industriel de France et des Colonies.
L'Europe Nouvelle.
La France Active.
Statistiques Mensuelles de la Ville de Paris.
Le Capital.
La Publicité de France.
La Pologne.
Supplément Commercial du *Manchester Guardian.*
Supplément Commercial du *Times.*
Kelley's Monthly Trade Review.
The Observer.
The Quarterly Journal of Economics.
Die Bank.
Finanz Archiv.
Weltwirtchaftliche Archiv.

IV

REVUES SCIENTIFIQUES, TECHNIQUES ET PROFESSIONNELLES

Revue Scientifique.
Revue Générale des Sciences.
Revue Industrielle.
Les Ingénieurs.
La Revue de l'Ingénieur.
Les Transports.
X... *Information.*
L'Age de Fer.
L'Outillage.
La Marine Marchande.
Les Voies Navigables.
Arts et Métiers.
L'Eau.
Aéronautique.
L'Air.
Bibliographie de la France.
Bulletin de l'Office des Renseignements Agricoles.

LA BIBLIOTHÈQUE.

Le Cultivateur Belge et Français.
La France Paysanne.
La Revue Médicale.
L'Informateur Médical.
Recherches et Inventions.
L'Usine.
Bâtiments et Travaux Publics.
Le Puits qui Parle.
L'Éducation Physique.
Manuel Général de l'Instruction Publique.
La Revue Universitaire.
Bulletin des Statistiques Agricoles.
La Revue des Assurances.

V

PUBLICATIONS OFFICIELLES

Le Journal Officiel (édition complète).
Comptes Rendus Officiels des séances de la Chambre et du Sénat.
Documents parlementaires de la Chambre et du Sénat.
Le Bulletin Municipal Officiel de la Ville de Paris.
Moniteur Officiel du Commerce Extérieur.
Bulletin des Lois.
Recueil des Actes Administratifs.
Bulletin Officiel de la Marine Marchande.
Bulletin Officiel annoté de tous les Ministères.
Bulletin Officiel du Ministère de l'Intérieur.
Bulletin du Travail Législatif et Parlementaire.
Bulletin Mensuel des Travaux de la Société des Nations.

VI

PUBLICATIONS SOCIALES ET QUESTIONS OUVRIÈRES

Le Musée Social.
L'Atelier.
Revue Internationale des Institutions Économiques et Sociales.
Les Faits Sociaux et Ouvriers.
Information Sociale.
Revue des Études Coopératives.
Revue de la Prévoyance et de la Mutualité.
Vers la Santé.
Bulletin de Documentation Législative et Sociale.
La Réforme Sociale.
Revue de l'Alliance Nationale pour l'Accroissement de la Population.

VII

PUBLICATIONS JURIDIQUES

Bulletin et Annuaire de la Société de Législation Comparée.
Bulletin de Statistique et de Législation Financière.
Revue de Droit International Privé
Revue de Droit Maritime Comparé.
Revue des Questions Fiscales.
Revue Juridique de la Locomotion Aérienne.
Recueil Juridique des Sociétés.
Legia.

VIII

PUBLICATIONS COLONIALES

Bulletin de l'Office Général des Colonies.
Bulletin de l'Agence Extérieure et Coloniale.
Bulletin de la Presse Marocaine.
Bulletin de la Presse Indo-Chinoise.
Bulletin de l'Office du Gouvernement Général d'Algérie.
Bulletin de l'Agence Économique de l'Afrique Occidentale.
Les Intérêts Marocains.
Le Monde Colonial.
Les Annales Coloniales.
La Dépêche Coloniale.

IX

PRESSE ÉTRANGÈRE

Bulletins Analytiques de la Presse.

Allemande.
Américaine.
Anglaise.
Autrichienne.
Belge.
Bulgare.
Chinoise.
Espagnole.
Grecque.
Hollandaise.
Hongroise.
Italienne.
Japonaise.
Polonaise.
Portugaise.
Roumaine.
Russe.
Sud-Américaine.
Turque.
Tchécoslovaque.
Yougoslave.

X

BULLETINS ET PUBLICATIONS DE GROUPEMENTS ET ÉTABLISSEMENTS COMMERCIAUX ET FINANCIERS

Études et Informations Économiques de la Banque Nationale Française du Commerce Extérieur.
Bulletin Mensuel de la Société de Banque Suisse.
Circulaire Mensuelle de la Banque Ottomane.
Bulletin Mensuel de la Banque Italienne et Française pour l'Amérique du Sud.
Bulletin Trimensuel de la Société Générale Alsacienne de Banque.
Bulletin Mensuel de la « Barclays Bank ».
Revue Mensuelle Économique et Financière de la South American Bank.

XI

BULLETINS DES CHAMBRES DE COMMERCE

de : Paris — Rouen — Lyon — Marseille — Bordeaux — Caen — Orléans — Nancy — Nîmes — Bourges.

XII

BULLETINS DES CHAMBRES DE COMMERCE FRANÇAISES A L'ÉTRANGER

de : Londres — Bruxelles — Charleroi — Genève — Milan — Madrid — Buenos-Aires — Santiago-de-Chili — Rio-de-Janeiro — Montréal — Mexico — Bogota — Stockholm.

FAÇADE DE L'HOTEL.

HISTORIQUE SOMMAIRE DE L'HOTEL

En 1622, six particuliers associés entre eux, parmi lesquels on relève les noms du sieur de Vassan, agissant pour le compte du marquis de Mascranny, du sieur Garfaulan (auteur dramatique), des héritiers de Boullenois, procureur au Châtelet, et de M. de la Vrillière, se rendirent adjudicataires de l'hôtel et du parc de la feue Reine Marguerite, sis sur les bords de la Seine en marge du domaine des Théatins : c'est l'emplacement représenté actuellement par le quadrilatère que forment la rue du Bac, le boulevard Saint-Germain, la rue de Bellechasse et le quai d'Orsay.

Ces six particuliers divisèrent le parc en plusieurs lots et le sieur Garfaulan établit, dans celui qui lui échut, deux chantiers divisés par un chemin, dont l'actuelle rue de Poitiers suit le tracé. Le chantier le plus proche du Pont-Royal s'appelait « Chantier de la Tour d'Argent », l'autre, où se trouve l'hôtel, s'appelait « Chantier de l'Étoile ».

A la mort du sieur Garfaulan, les chantiers passèrent aux mains des Jacquenson qui ne surent en mener à bien l'exploitation et, en 1625, une demande de partage entre tous les héritiers (ils étaient quinze) fut formulée par une veuve. M. de la Vrillière conçut le dessein de devenir propriétaire de tout le lot et, pour y parvenir à peu de frais, il fit promettre aux héritiers force avantages et privilèges. Ceux-ci, flattés de ces assurances, et craignant d'ailleurs de déplaire à un ministre, acceptèrent ces propositions et les conditions d'achat qui y étaient attachées. Ils furent vraisemblablement dupés, car un procès retentissant fut intenté par les cohéritiers par devant le procureur en Cour Gaultier, contre M. de la Vrillière, secrétaire d'État, et simultanément contre le duc de Maurepas et le duc et la duchesse d'Aiguillon. On trouve aux Archives Nationales plusieurs pamphlets publiés à l'occasion de ce procès.

En 1640, la demoiselle Catherine Potiers, fille de Jacques Potiers, entrepreneur, achetait par devant Leffranc et Baudoin, notaires à Paris, le terrain « d'une contenance de 410 toises quatre pieds de terre en superficie situé en face, par un bout, sur la rue de Verneuil et sur la place de l'ancien chantier de l'Étoile ».

Elle y fit édifier, par l'architecte Jean Prédot, architecte bourgeois de Paris, une maison à porte cochère où vint habiter l'envoyé de Mantoue.

La rue s'appelait donc à l'origine rue Potiers ; ce n'est qu'à partir de 1694 qu'on la voit figurer sur les plans et dans les actes avec le nom de rue de Poitiers.

En 1703, le président Duret, président au Grand Conseil, se rendit acquéreur de cette maison au prix de « cent mille livres suivant rapport de prisée de ladite maison fait par Nicolas de l'Espine, juré expert nommé d'office ».

A cette époque, l'hôtel se composait de trois corps de bâtiments : l'aile gauche, où est installé aujourd'hui le Club de la Renaissance française, était reliée à l'aile droite, qui occupe l'angle de la rue de Poitiers et de la rue de

Lille (propriété actuelle du marquis de Pomereu), par un bâtiment aujourd'hui détruit. Le motif du milieu est encore visible sur l'avancée de la terrasse, du côté du jardin.

Successivement, et à des époques qu'on ne peut exactement déterminer, y vécurent : le conseiller marquis de Dangeau, auteur du *Journal de la Cour*, à qui Boileau dédia sa satire sur la noblesse; il y demeura jusqu'à sa mort, avec sa seconde femme Sophie de Loewenstein, nièce du cardinal de Furstenberg; Sophie de Courcillon, veuve de deux ducs et pairs, un Pecquigny et un Rohan, le comte d'Onzembray, lieutenant-général, le maréchal de Maillebois, petit-fils de Colbert, le général comte de Nansouty, puis Jean-Baptiste Louviers, sieur de Longchamps, qui le revendit au marquis de Nointel.

L'hôtel passa ensuite entre les mains de la famille de Monaco-Valentinois et y demeura jusqu'à l'incendie qui entraîna sa destruction partielle : à la suite de ce sinistre le bâtiment central ne fut pas reconstruit.

Il appartint encore à M. de la Béraudière, qui fut le protecteur de Watteau. Les biographes de ce peintre disent que cet hôtel a contenu ses plus belles œuvres décoratives et en marquent les emplacements dans les médaillons des grandes pièces du premier étage.

Les Luynes y habitèrent. On voit encore leur monogramme sur les appuis des fenêtres de la Cour d'honneur et leurs armoiries sur la plaque de cheminée du grand salon du rez-de-chaussée.

En 1766, il devint la propriété du marquis de Poulpry, lieutenant général. Sa veuve ayant émigré, l'hôtel fut séquestré et devint le siège du Comité de la Section de la Fontaine-de-Grenelle.

Pendant la Révolution, il fut occupé par un nommé Mandat, commandant de la Garde nationale, auquel on doit attribuer la rampe de la terrasse qui porte l'initiale « M ». Ce Mandat fut arrêté chez lui et fusillé dans le jardin.

En 1794, on vendit les meubles et les glaces pour une somme de 1.263.950 livres en assignats. En 1795 les services de l'État civil du Xe arrondissement s'y installèrent; puis, en 1796, tous les services de la municipalité. Un état des lieux, dressé le 26 germinal an IV (15 avril 1796), par l'architecte Montaurant, fait ressortir que l'immeuble était beaucoup trop grand pour les services municipaux et en évalue le loyer à 3000 francs.

En 1820, le baron Portal y installa le siège de l'Académie de Médecine qu'il venait de fonder et qui y demeura jusqu'en 1848.

Puis le fameux comité Thiers-Falloux-Duvergier de Hauranne, connu sous le nom de « Comité de la rue de Poitiers », y tint ses séances au début de l'année 1849.

On signale enfin que le roi d'Angleterre, Édouard VII, alors qu'il était prince de Galles, occupa les appartements qui occupent le bâtiment situé au devant de la cour d'entrée, en bordure de la rue de Poitiers.

Sources

Archives Nationales. — Série F, Ic, Seine; Série Q, 1286; Série S, 2845; Série T, 1683, 61; 1685, 103.

Archives du département de la Seine. — Dom. 1339, 69; 396, 20; 343; 349.

Maurice Dumolin, *Bulletin de la Société d'Histoire et d'Archéologie des VIIe et XVe arrondissements de Paris*, n° 29 (août 1926).

H. Passard, *Dictionnaire historique et anecdotique de Paris*.

M. de Rochegude, *Promenades dans les rues de Paris par arrondissement*.

CABINET DU SECRÉTAIRE GÉNÉRAL.

CLUB DE LA RENAISSANCE FRANÇAISE

ANNUAIRE 1926

EXTRAIT DES STATUTS

CLUB DE LA RENAISSANCE FRANÇAISE

ANNUAIRE 1926[1]

MM.

ABBAYES (Robert des), 184, boulevard Haussmann (VIIIe), Élys. 59-29; Docteur en Droit.

ABRAHAM (Henri), 47, rue Denfert-Rochereau (V^e), Gob. 24-73 ; Professeur à la Sorbonne. (R. U.)

AGACHE (Donat), 38, boulevard Maillot, *Neuilly-sur-Seine*, Wagr. 98-35 ; Industriel, Président du Conseil d'administration des Établissements Kuhlmann.

ALBY (Amédée), 55, boulevard Lannes (XVIe), Passy 57-28 ; Ingénieur, Président de la Société Générale d'Entreprises.

ALLIER (Raoul), 282, boulevard Raspail (XIVe) ; Professeur honoraire de l'Université de Paris, Doyen de la Faculté libre de Théologie protestante. (R. U.)

ANDRÉ (Jacques), 5, rue Beaujon (VIIIe), Élys. 51-45 ; Ingénieur des Arts et Manufactures, Président du Conseil d'administration de la Société « La Trinidad », de la Société anonyme André Fils et de la Société pour l'Importation et la Vente des Soufres Américains.

ANGOULVENT (Léon), 90, boulevard Flandrin (XVIe), Passy 11-27 ; banquier.

APPLETON (Jean), 26, quai des Brotteaux, *Lyon* ; Avocat à la Cour d'Appel, Professeur à la Faculté de Droit de l'Université de Lyon.

ARMAND-DELILLE (Dr Paul-F.), 44, avenue du Bois-de-Boulogne (XVIe), Passy 36-07 ; Médecin des Hôpitaux de Paris. (R. U.)

ARNAUNÉ (Auguste), 36, rue de Fleurus (VIe) ; Membre de l'Institut, Président de Chambre à la Cour des Comptes. (R. U.)

ARNOU (Gabriel), 10, rue Saint-Sénoch (XVIIe) ; Industriel.

AUBERT (Louis-F.), 13, rue Vaneau ; agrégé de l'Université ; ancien Élève de l'École normale supérieure.

AUBRIL (André), 15, rue Saint-Simon, *Versailles* (S.-et-O.) ; Ingénieur des Télégraphes.

AUBRUN (Jules), 59, boulevard Raspail (VIe), Fleur. 02-70 ; Ingénieur au Corps des Mines.

AUGÉ-LARIBÉ (Michel), 158, avenue de Wagram (XVIIe) ; Publiciste, Docteur en Droit.

AULNEAU (Joseph), 56, rue de Rennes (VIe) ; Avocat à la Cour d'Appel, ancien Directeur du Cabinet du Président de la République. (R. U.)

AUSCHER (André), 124, rue de Tocqueville (XVIIe), Wagr. 26-22 ; Ingénieur des Arts et Manufactures.

AUSCHER (Léon), 34, boulevard Victor-Hugo, *Neuilly-sur-Seine*, Wagr. 50-00 ; Ingénieur des Arts et Manufactures, Industriel, Vice-Président du Touring-Club de France.

BABCOCK, 173, boulevard Saint-Germain ; Dotation Carnegie.

BARRIOL (Alfred), 88, rue Saint-Lazare (IXe) ; Secrétaire général de la Société

1. *Abréviations* : R. U. Rapprochement Universitaire; M. H. Membre Honoraire.

de Statistique de Paris, Membre de la Société d'Études Économiques, Professeur au Collège Libre des Sciences sociales. (R. U.)

BARTHOU (Louis), 7, avenue Victor-Emmanuel-III (VIIIe), Élys. 76-37 ; de l'Académie Française, Sénateur des Basses-Pyrénées, ancien Président du Conseil, Président de la Commission des Réparations. (M. H.)

BASDEVANT (Jules), 1, rue Cassini (XIVe) ; Professeur à la Faculté de Droit. (R. U.)

BAUMGARTNER (Dr Amédée), 63 *bis*, rue de Varenne (VIIe), Fleurus 26-07 ; Chirurgien de l'Hôpital de la Charité. (R. U.)

BEDARRIDES (René), 81, rue de la Tour (XVIe), Passy 90-76 ; Banquier.

BÉDIER (Charles-Marie-Joseph), 11, rue Soufflot (Ve) ; de l'Académie Française, Professeur au Collège de France. (M. H.)

BENEL (Ivan), 94, boulevard Flandrin (XVIe) ; Industriel.

BERNARD (Adolphe), 23, rue de l'Arcade (VIIIe) ; Industriel.

BERNARD (Dr Léon), 166, rue du Faubourg-Saint-Honoré (VIIIe), Élys. 32-04 ; de l'Académie de Médecine, Professeur à la Faculté de Médecine, médecin de l'Hôpital Laënnec. (R. U.)

BERNHEIM (Alfred), 5, avenue Charles-Floquet (VIIe), Ség. 79-47 ; Industriel.

BERNHEIM (Georges), 16, rue Pérignon (VIIe), Ség. 45-47 ; Professeur au Lycée Louis-le-Grand. (R. U.)

BERNHEIM (René), 16, rue du Louvre ; Industriel.

BIENAIMÉ (Robert), 10 *bis*, boulevard Bonne-Nouvelle (Xe) ; Ingénieur.

BLOCH (Camille), 4, rue Michel-Ange (XVIe), Aut. 21-61 ; Directeur des Bibliothèque et Musée de la Guerre, Chargé de cours à la Faculté des Lettres. (R. U.)

BLOCH (Marcel), 10, rue de Mogador (IXe) ; Directeur de la Banque Transatlantique.

BLOCH (Paul), « Le Bocage », *Montmorency* (S.-et-O.) ; Maître de forges, Ingénieur des Arts et Manufactures.

BLOCH (Roger), 48, boulevard Haussmann (VIIIe).

BOKANOWSKI (Maurice), 101, rue de Miromesnil (VIIIe), Wagr. 74-49 ; Avocat à la Cour, Député de la Seine, Ministre du Commerce, de l'Industrie et des P. T. T.

BONNET-ROY (Dr), 13, rue de Turin (VIIIe) ; Docteur en Médecine, Chef de clinique à la Faculté de Médecine, ancien Interne des Hôpitaux de Paris. (R. U.)

BOREL (Émile), 32, rue du Bac (VIIe) ; Directeur honoraire de l'École Normale supérieure, Professeur à la Sorbonne, Membre de l'Institut, Député de l'Aveyron. (R. U.)

BOREL (Jérôme), 6, rue de la Motte-Picquet (XVe) ; Ingénieur.

BOSSAN (Dr Émile-Adolphe), 121, boulevard Saint-Michel (Ve) ; Directeur du Laboratoire de Recherches biologiques, à *Sèvres*. (R. U.)

BOUCHAYER (Hippolyte), 57, rue Pierre-Charron ; Ingénieur des Arts et Manufactures.

BOUGLÉ (Camille), 26, avenue Victor-Hugo, *Boulogne-sur-Seine* ; professeur à la Sorbonne. (R. U.)

BOULLE (Léon), 3, rue Moncey (IXe) ; Ingénieur en chef des Ponts et Chaussées, Administrateur délégué de la Compagnie Générale Française de Tramways.

BOURGEOIS (Émile), 35, rue de Rome (VIIIe), Laborde, 04-78; de l'Académie des Sciences Morales et Politiques, Professeur à la Faculté des Lettres et à l'École des Sciences Politiques. (R. U.)

BOYOUD (Émile), 24, avenue de la Grande-Armée (XVIIe) ; Ingénieur des Arts et Manufactures, Administrateur délégué de la Compagnie des Produits Chimiques et Électro-Métallurgiques Alais, Froges et Camargue.

BRIEUX (Eugène), 26, rue Victor-Massé (XVIe) ; de l'Académie Française. (M. H.)

BRUMPT (Dr Émile), 42, rue Denfert-Rochereau (Ve) ; de l'Académie de Médecine, Professeur à la Faculté. (R. U.)

BRUNOT (Ferdinand), 8, rue Leneveux (XIVe) ; Doyen de la Faculté des Lettres de Paris, Maire honoraire du XIVe arrondissement. (R. U.)

BRUNSCHVIG (Léon), 53, rue Scheffer (XVIe), Passy 47-63 ; Professeur de Philosophie à la Sorbonne, Membre de l'Institut. (R. U.)

CAHEN (Alfred Salomon), 22 *ter*, rue Legendre (XVIIe) ; Banquier.

CAHEN (Henri), 11, rue Ampère (XVIIe), Wagr. 56-13 ; Ingénieur, Président du Syndicat des Producteurs et Distributeurs d'Énergie Électrique.

CAHEN (Marcel), 15, rue Alphonse de-Neuville (XVIIe) ; Ingénieur.

CAIN (Julien), 2, place de Vaugirard (XVe) ; Chef du Bureau d'Étude de la Presse Étrangère au Ministère des Affaires Étrangères, Agrégé de l'Université. (R. U.)

CALKINS (Gary N.), 173, boulevard Saint-Germain (VIIe) ; Professeur à Columbia University, Directeur de l'American University Union.

CAMERLYNCK (Gustave-Henri), 13, rue Soufflot (Ve) ; Professeur au Lycée Saint-Louis, Interprète du Ministère des Affaires Étrangères, Agrégé de l'Université. (R. U.)

CAPITANT (Henri-Lucien), 1, rue Cassini (XIVe), Gob. 17-86 ; Professeur à la Faculté de Droit, Membre du Conseil Supérieur de l'I. P., Membre du Conseil Consultatif d'Alsace-Lorraine. (R. U.)

CARTIER (Louis-Joseph), 13, rue de la Paix (IIe) ; Joaillier.

CAULLERY (Maurice), 6, rue Mizon (XVe) ; Professeur à la Sorbonne.

CHAMARD (Henri-Jean), 58, rue Claude-Bernard (Ve) ; Professeur à la Faculté des Lettres. (R. U.)

CHAUMAT (Henri-Jules), 26, rue Ernest-Renan (XVe) ; Professeur au Conservatoire National des Arts et Métiers, Professeur à l'École Supérieure d'Électricité, Secrétaire général de la Commission Supérieure des Inventions.

CHEVRILLON (André), 26, rue Dailly, *Saint-Cloud* ; de l'Académie Française, Docteur ès Lettres (R. U.)

CHOLLET (Marcel-Adrien), 60, rue de Provence (IXe) ; ancien Élève de l'École Polytechnique, Membre agrégé de l'Institut des Actuaires français, Actuaire du Crédit Foncier de France.

CITROEN (André), 31, rue Octave-Feuillet (XVIe), Passy 59-99 ; Ingénieur, Constructeur.

COLEMAN (Algernon), 173, boulevard Saint-Germain (VIIe), Fleurus 23-24 ; Directeur de l'American University Union in Europe. (R. U.)

COLSON (Léon-Clément), 2, rue de la Planche (VIIe) ; de l'Académie des Sciences Morales et Politiques, Inspecteur général P. et C., Président du Conseil d'État. (R. U.)

COMBELERAN (G.), 6, rue de Mazagran, *Carcassonne* (Aude) ; Administrateur du Touring-Club de France.

COMMISSAIRE (H.), 2, quai des Célestins (IVe) ; Professeur au Lycée Charlemagne, Agrégé de l'Université. (R. U.)

CORDELLE (Jean), 49, avenue de la Motte-Picquet (XVe), Ségur 89-53 ; Ingénieur A. M.

CORDIER (Fernand), 21, rue Gravel, *Levallois-Perret* ; Ingénieur en chef des Établissements Schneider.

CORDIER (Gabriel), 81, rue de Monceau (VIIIe) ; Ingénieur, Président de la Cie P.-L.-M., Régent de la Banque de France.

COTTON (Aimé), 3, sente de la Grande-Haie, *Sèvres* (S.-et-O.) ; Professeur de Physique à la Sorbonne. (R. U.)

COURVOISIER (Jean-Louis), 15, rue Richer (IXe) ; Banquier.

COURVOISIER (Charles), 15, rue Richer (IXe) ; Banquier.

COVILLE (Alfred-Alexandre), 58, rue des Vignes (XVIe) ; Directeur honoraire de l'Enseignement Supérieur au Ministère de l'Instruction Publique. (R. U.)

DEBIEVE (Nestor-Émile), 21, rue Clément-Marot (VIIIe), Ingénieur E. C. P., Directeur Commercial à la Société des Tréfileries et Laminoirs du Havre.

DEBRIX (René), 4, rue Joseph-Massot, *Strasbourg* ; Directeur général de la Société Alsacienne de Banque.

DEFAUCAMBERGE (Émile), 7, rue de l'Alboni (XVIe) ; Industriel.

DELACHAUX (Léon), 43, rue Caulaincourt (XVIIIe) ; Maître de forges.

DELACROIX (Henri), 16, rue de l'Assomption (XVIe) ; Professeur à la Sorbonne. (R. U.)

DELEZENNE (Camille), 6, rue Mizon (XVe) ; de l'Académie de Médecine, Professeur à l'Institut Pasteur. (R. U.)

DENJOY (Arnaud), 18 *bis*, rue Denfert-Rochereau (Ve) ; Chargé de cours à la Faculté des Sciences de l'Université de Paris, Docteur ès Sciences. (R. U.)

DESCLOS (Auguste-Victor), 9, rue du Val-de-Grâce (Ve) ; Professeur au Lycée Condorcet. (R. U.)

DESFEUILLES (Paul), 16, rue Cassette (VIe) ; Professeur. (R. U.)

DESROYS DU ROURE (Édouard), 16, rue de Condé (VIe) ; Directeur honoraire au Ministère des Finances, ancien Président de la Société de Statistique de Paris, Membre de l'Institut International de Statistique, Membre de la Société d'Études Économiques et de la Société d'Économie Politique de Paris, Président de la Conférence Générale et de la Commission Supérieure des Caisses d'Épargne. (R. U.)

DIEHL (Charles), 72, avenue de Wagram (XVIIe), Wagr. 45-41 ; de l'Académie des Inscriptions et Belles-Lettres, Professeur à la Faculté des Lettres. (R. U.)

DOLLÉANS (Édouard), 33, rue Jean-Goujon ; Professeur à la Faculté de Droit de l'Université de Dijon, Secrétaire général de la Chambre de Commerce Internationale. (R. U.)

DONNAY (Maurice), 7, rue de Florence (VIIIe) ; de l'Académie Française, Homme de Lettres. (M. H.)

DUFOUR (Charles), 29, villa Molitor (XVIe), Aut. 05-97 ; Ingénieur civil des Mines, Président de la Fédération des Syndicats de la Petite Métallurgie.

DUFOURMANTELLE (Maurice), 95, avenue Kléber (XVIe) ; Professeur au Collège Libre des Sciences Sociales, Docteur en Droit. (R. U.)

DUPOUEY (Robert), 223, rue Saint-Jacques (Ve), Professeur au Lycée Louis-le-Grand, Directeur des cours à l'Alliance Française. (R. U.)

DUTREUX (Auguste), 38, avenue Hoche (VIIIe), Élys. 48-34 ; Ingénieur des A. et M., Administrateur des Aciéries d'Hagondange.

DROUETS (Charles-Eugène), 16, rue Saint-Romain (VIe), Ség. 68-10 ; Directeur de la Propriété Industrielle au Ministère du Commerce. (R. U.)

DROUILLY (Eugène), 118, rue de la Faisanderie (XVIe) ; Ingénieur.

ECCARD (Frédéric), 5, quai Voltaire ; Avocat, Bâtonnier du Barreau de Strasbourg, Sénateur du Bas-Rhin.

EICHTHAL (Eugène d'), 144, boulevard Haussmann (XVIIe), Wagr. 03-78 ; de l'Académie des Sciences Morales et Politiques, Vice-Président de la Société des Chemins de Fer du Midi.

EISENMANN (Louis), 20, rue Ernest-Cresson (XIVe), Ség. 59-51 ; Professeur à la Faculté des Lettres. (R. U.)

ÉTÈVE (Léandre), 12, rue du Sommerard (Ve), Gob. 27-70 ; Ingénieur des P. et C., Directeur adjoint de l'École Spéciale des Travaux Publics.

FAMECHON (Georges), 17, rue de Surène (VIIe) ; Directeur de l'Office National du Tourisme.

FANO (Giulio), 92, via Depretis, *Rome* (Italie) ; Professeur à la Faculté des Sciences de Rome, Sénateur. (R. U.)

FAURE (Jean-Louis), 10, rue de Seine ; Professeur à la Faculté de Médecine, Membre de l'Académie de Médecine.

FAURE (Fernand), 9, rue de Lille (VIIe) ; Professeur à la Faculté de Droit, Directeur général honoraire de l'Enregistrement. (R. U.)

FAURÉ-FREMIET (Emmanuel), 46, rue des Écoles (Ve) ; Préparateur au Collège de France. (R. U.)

FERRY (Alfred), 69, rue de Lille (VIIe), Trud. 10-01 ; Assureur-Conseil, Président des Fonderies de Vaugirard.

FEUILLERAT (Albert-Gabriel), 53, avenue de Ségur (VIIe) ; Professeur à l'Université de Rennes. (R. U.)

FINOT (Louis), 11, rue Poussin (XVIe), et Hanoï (Indochine) ; Directeur de l'École Française d'Extrême-Orient.

FLERS (Robert de), 70, boulevard de Courcelles (XVIIe) ; de l'Académie Française. (M. H.)

FORD, 173, boulevard Saint-Germain ; Directeur de l'American University Union.

FOURNEAU (Ernest), 28, rue Barbey-de-Jouy (VIIe) ; de l'Académie de Médecine, Chef de Service à l'Institut Pasteur. (R. U.)

FRANÇOIS (Pierre-Louis), 27, rue Daru (VIIIe) ; Administrateur des Docks Rémois, Vice-Président du Syndicat Général des Maisons d'Alimentation à succursales multiples.

GARNIER (Albert), 20, rue La Boétie (VIIIe), Élys. 55-45 ; Résident supérieur, Directeur de l'Agence Économique de l'Indochine.

GARNIER (Charles-Marie), 35, rue de l'Arbalète (Ve) ; Inspecteur général de l'I. P. (R. U.)

GAUTIER (E.-F.), Professeur à l'Université d'Alger (R. U.)

GEORGES-PICOT (Charles), 24, rue Eugène-Flachat (XVIIe), Wagr. 01-79 ; ancien Inspecteur des Finances, Vice-Président de la Société Générale de Crédit Industriel et Commercial. (R. U.)

GEORGET (Alexandre Frédéric), 56, rue Libergier, *Reims* (Marne) ; Négociant.

GETTING (Georges Lucien), 3, avenue Bugeaud (XVIe), Passy 38-56; Industriel.

GIDEL (Philippe), 81, rue de Rome (XVIIe) ; Inspecteur général de l'Enseignement secondaire. (R. U.)

GILLET (Charles), quai de Serin, *Lyon* (Rhône) ; Industriel.

GILLET (Edmond), 39, boulevard des Belges, *Lyon* (Rhône) ; Industriel.

GILLET (Paul), quai de Serin, *Lyon* (Rhône); Industriel.

GIRAULT (Arthur), 24, rue de l'Est, *Poitiers* (Vienne) ; Professeur à la Faculté de Droit de l'Université de Poitiers. (R. U.)

GIROD (Pierre), 31, rue Lafayette (IXe) ; Banquier.

GIROS (Alexandre), 56, rue du Faubourg-Saint-Honoré (VIIIe) ; Ingénieur.

GLEY (Marcel-Émile), 14, rue Monsieur-le-Prince (VIe) ; de l'Académie de Médecine, Professeur au Collège de France. (R. U.)

GODET (René), rue Guy-de-Maupassant, *Le Havre* ; Industriel, Administrateur des Tréfileries et Laminoirs du Havre, Membre de la Chambre de Commerce du Havre.

GOINEAU (Alexandre), 30, boulevard Malesherbes (VIIIe).

GOMPEL (Roger), 25, boulevard Suchet (XVIe), 25-90.

GOUT (Jean), 51, rue Saint-André-des-Arts (VIe), 31-76 ; Ministre plénipotentiaire, Directeur du Service français de la Société des Nations au Ministère des Affaires Étrangères. (R. U.)

GRAILLOT (Henri), 2, place Manin, *Florence* (Italie) ; Directeur de l'Institut Français de Florence, Docteur ès Lettres. (R. U.)

GRAVIER (Paul), 6, rue de la Néva (VIIIe), Élys. 01-73 ; ancien Ingénieur en chef des Poudres, Administrateur de la Société Dyle et Bacalan, Administrateur de la Compagnie Lorraine de Charbons, Lampes et Appareillages Électriques.

GUERNIER (Charles), 34, avenue de Tokio (XVIe) ; Professeur à la Faculté de Droit.

GUIGUE (Albert), 274, boulevard Raspail; Secrétaire de la Faculté des Lettres. (R. U.)

GUY (Camille), 127, boulevard Péreire ; Gouverneur honoraire des Colonies, Agrégé de l'Université. (R. U.)

GUYOT (Raymond-Léon), 10, place des Vosges (IVe) ; Professeur au Lycée Condorcet (R. U.).

HADAMARD (Jacques), 25, rue Alexandre-de-Humboldt (XIVe), Gob. 07-66; Membre de l'Institut, Professeur au Collège de France, à l'École Polytechnique et à l'École Centrale. (R. U.)

HALÉVY (Élie), « La Maison Blanche », *Sucy-en-Brie* (S.-et-O.) ; Professeur à l'École Libre des Sciences Politiques, Docteur ès Lettres. (R. U.)

HAUSER (Henri), 68, rue Lauriston (XVIe) ; Professeur à la Sorbonne et au Conservatoire des Arts et Métiers. (R. U.)

HAUVETTE (Henri), 274, boulevard Raspail (XIVe) ; Professeur de Littérature italienne à l'Université de Paris. (R. U.)

HECKER (Robert), 89, avenue Henri-Martin (XVIe) ; Administrateur-Directeur général de la Compagnie Thomson-Houston.

HENRY (Paul), 9, cité Vaneau (VIIe) ; Avocat au Conseil d'État et à la Cour de Cassation (R. U.)

HERRENSCHMIDT (Fernand), 2, Le Wacken, *Strasbourg*; Industriel.

HITIER (Henri-Joseph-Jobert), 6, rue du Général-Foy (VIIIe) ; Professeur à l'Institut Agronomique, Membre de l'Académie d'Agriculture. (R. U.)

HITIER (Joseph-Auguste), 19, rue Servandoni (VIe) ; Professeur à la Faculté de Droit. (R. U.)

HUCHON (René), 19, rue Rémilly, *Versailles*; Professeur à la Sorbonne. (R. U.)

HUGHES (Rodolph-William), 45, rue d'Ulm (V^e^) ; Lecteur d'anglais à l'E. N. S.

HUGUES (Pierre de), 18, rue de l'Occident, *Versailles*.

HYDE (James-H.), 18, rue Adolphe-Yvon (XVIe), Passy 87-12, et rue de l'Ermitage, 7, à *Versailles*. (R. U.)

HENRI-ROBERT, 98, boulevard Péreire (XVIIe), Wagr. 29-94 ; de l'Académie Française, Avocat à la Cour, ancien Bâtonnier de l'Ordre des Avocats. (M.H.)

HONNORAT (André), 29, rue Le Peletier (IXe), ancien Ministre de l'Instruction Publique, Sénateur des Basses-Alpes. (M. H.)

IWEINS (Paul), 55, rue La Boétie (VIIIe), Élys. 39-28 ; Ingénieur civil des Mines.

JAMIN (Georges-Honoré-Désiré), 76 *bis*, rue des Saints-Pères (VIIe) ; Professeur de lettres et d'anglais à l'École Lavoisier. (R. U.)

JANET (Paul-André-Marie), 8, rue du Four (VIe), Fleur. 08-66 ; de l'Académie des Sciences, Professeur à la Faculté des Sciences, Directeur de l'École Supérieure et Laboratoire Central d'Électricité. (R. U.)

JARRY (Raymond), 9, rue Freycinet (XVIe) ; Administrateur délégué des Tréfileries et Laminoirs du Havre.

JAVAL (Henry), 105, avenue Henri-Martin (XVIe), Passy 36-74; Avocat à la Cour.

JOB (André), 18, avenue d'Orléans (XIVe) ; Professeur au Conservatoire National des A. et M. (R. U.)

JONAS (Adrien), 91, rue de Longchamp (XVIe), Passy 17-18 ; Industriel.

JUBIN (Georges), 44, rue Condorcet (IXe) ; Secrétaire de la rédaction du *Petit Journal*. (R. U.)

KERGOMARD (Joseph), 166, boulevard du Montparnasse (XIVe) ; Professeur au Lycée Louis-le-Grand, Agrégé d'Histoire et de Géographie. (R. U.)

KAHN (Gaston), Ministre plénipotentiaire, 6, rue d'Ulm (V^e^).

KLING (André), 6, villa George-Sand (XVIe), Aut. 08-79 ; Directeur du Laboratoire Municipal de la Ville de Paris, Docteur ès Sciences. (R. U.)

KRANS (Horatio S.), 1, rue de Fleurus (VIe) ; Directeur adjoint de l'American University Union. (R. U.)

LABBÉ (Paul), 30, rue Washington (VIIIe) ; Secrétaire général de l'Alliance Française. (R. U.)

LANDRY (Adolphe), 4, avenue du Square, « Villa Montmorency » (XVIe), Aut. 09-71 ; Député de la Corse, ancien Ministre.

LANSON (Gustave), 45, rue d'Ulm (V^e^) ; Directeur de l'École Normale Supérieure, Professeur à la Faculté des Lettres. (R. U.)

LAPRADELLE (A. de), 2, rue Lecourbe (XVe), Ség. 84-40 ; Professeur à la Faculté de Droit. (R. U.)

LARBODIÈRE (Eugène), 2, rue de la Pépinière (VIIIe); Ingénieur-Constructeur.

LARDENNOIS (Georges), 4, rue Quentin-Bauchart (VIIIe) ; Chirurgien des Hôpitaux, Professeur à la Faculté de Médecine.

LARNAUDE (Ferdinand), Château de Hontanbère par Castelnau-d'Auzan (Gers) ; Doyen honoraire de la Faculté de Droit de Paris.

LAROCHE (Dr), 35, rue de Rome; Médecin des Hôpitaux (R. U.)

LASKINE (Edmond), 56, rue Jouffroy (XVIIe) ; Avocat à la Cour, Agrégé de l'Université.

LATEULÈRE (Commandant), 12, avenue Niel (XVIIIe) ; Directeur du personnel de la Société anonyme des Automobiles et cycles Peugeot.

LATTÈS (Eugène), 28, rue de La Rochefoucauld (IXe) ; Ingénieur des A. et M.

LAVEDAN (Henri), 60, rue des Saints-Pères (VIIe), Fleur. 04-07 ; de l'Académie Française. (M. H.)

LAVENIR (Alexandre), 52, boulevard de la Bastille (XIIe) ; ancien Élève de l'École Normale Supérieure. (R. U.)

LAZARD (André), 131, rue de Longchamp (XVIe), Passy 86-77 ; Banquier.

LEBESGUE, Professeur au collège de France, 35 *bis*, rue Saint-Sabin (XIe).

LECLERC (Max), 250 *bis*, boulevard Saint-Germain (VIIe), Ség. 05-99 ; Libraire-Éditeur (Librairie Armand Colin), ancien Membre de la Chambre de Commerce de Paris, Membre du Conseil d'Escompte de la Banque de France.

LEGOUIS (Émile), 128, avenue Émile-Zola (XVe) ; Professeur à la Sorbonne. (R. U.)

LEGRAS (Jules-Émile), 6, place Grangier, *Dijon* (Côte-d'Or) ; Professeur de Faculté, Doyen honoraire. (R. U.)

LÉON (Xavier), 39, rue des Mathurins (VIIIe) ; Directeur de la Revue de Métaphysique et de Morale. (R. U.)

LESOUFACHÉ (Joseph), 82, rue du Faubourg-Saint-Honoré (VIIIe), Élys. 43-84 ; Ingénieur-Constructeur.

LÉVY (Sylvain), 9, rue Guy-de-la-Brosse (Ve), professeur au Collège de France.

LÉVY-ULLMANN (Henri), 6, rue de La Trémoille (VIIIe), Passy 78-26; Professeur à la Faculté de Droit de Paris (R. U.).

LINDET, 108, boulevard Saint-Germain; Professeur à l'Institut national agronomique, Membre de l'Institut et de l'Académie d'agriculture.

LITZELLMANN (Albert), 42, rue d'Anjou (VIIIe), et 7, rue Gounod (XVIIe) ; Ingénieur, Chef du Secrétariat général des Établissements Schneider.

LORTHIOIS (Jules), 5, avenue Matignon (VIIIe), et 29, rue du Dragon, *Tourcoing* (Nord) ; Industriel.

LUCHAIRE (Julien), 2, rue Montpensier, Paris, (Ier) ; Professeur à l'Université de Grenoble, Inspecteur général de l'Instruction Publique. (R. U.)

LOUCHEUR (Louis), 9, rue Hamelin (XVIe) ; Député du Nord, Ancien Ministre.

MALHERBE (Gaston), 12, place des Victoires (IIe); Directeur général des travaux de Paris et du Département de la Seine, Préfet honoraire, Conseiller général de Seine-et-Oise. (R. U.)

MARCEL (Pierre), 51, rue Scheffer (XVIe) ; Professeur à l'École des Beaux-Arts. (R. U.)

MARIAGE (André), 65, avenue Victor-Hugo (XVIe), Passy 37-93 ; Ingénieur des A. M., Président du Conseil d'administration de la Société des Transports en Commun de la Région Parisienne.

MARIE (Charles-Aimé), 9, rue de Bagneux (VIe) ; Chef de travaux pratiques de chimie-physique et d'électro-chimie à l'Institut de Chimie appliquée, à la Faculté des Sciences, Docteur ès Sciences. (R. U.)

MARTIN (Dr Louis), 205, rue de Vaugirard (XVe) ; Directeur de l'Hôpital Pasteur. (R. U.)

MARTINENCHE (Ernest), 88, rue Jouffroy (XVIIe) ; Professeur à la Sorbonne, Membre étranger de l'Académie Brésilienne des Lettres et de l'Académie de Philosophie et Lettres de Buenos-Aires, Docteur honoraire de l'Université de San-Marcos (Lima). (R. U.)

MARTONNE (Emmanuel de), 248, boulevard Raspail (XIVe) ; Professeur à la Sorbonne. (R. U).

MATHE (Henri-B. de la), 50, avenue de la Source, *Nogent-sur-Marne* ; Ingénieur.

MAUSS (Marcel), 2, rue Bruller (XIVe) ; Professeur à l'École des Hautes-Études.

MENAGE (Lucien), 51, rue Lafayette (Xe), Wagr. 15-24 ; Banquier.

MENDELSSOHN (Dr Maurice), 49, rue de Courcelles (XVIIe), Wagr. 06-80 ; Membre correspondant de l'Académie de Médecine. (R. U.)

MENG (Victor), 251 *bis*, rue Lafayette (Xe) ; Directeur du Département Fils et Câbles de la Compagnie française pour l'Exploitation des Procédés Thomson-Houston.

MERCIER (Maurice-Pierre-Émile), 14, boulevard d'Argenson, *Neuilly-sur-Seine* ; Professeur (R. U.)

MEYERSON (Émile), 16, rue Clément-Marot (VIIIe) ; Ingénieur-chimiste. (R. U.)

MICHON (Édouard), 57, rue Vaneau (VIIe), Ség. 04-95 ; Chirurgien de l'Hôpital Beaujon. (R. U.)

MOISE (Charles), 11, rue Boissière (XVIe) ; Ingénieur.

MONCHARVILLE (Maurice), 19, avenue de la Liberté, *Strasbourg* ; Professeur à la Faculté de Droit. (R. U.)

MONNIER (Christian), 62, rue de Monceau (VIIIe).

MONNIER (Louis), 33, rue de Monceau (VIIIe), Élys. 29-17 ; Banquier.

MONTEL (Paul), 57, boulevard de Vaugirard (XVe) ; Professeur à la Sorbonne. (R. U.)

MORAX (Dr Victor), 26, boulevard Raspail (VIIe), Ség. 47-53 ; Ophtalmologiste de l'hôpital Lariboisière.

MOREAU (Louis-François), Lieutenant-Colonel, 238, boulevard Saint-Germain.

MOURIER (Louis), 14, rue Soufflot (Ve) ; Sous-Directeur des Finances de la Ville de Paris. (R. U.)

MOUTON (Henri), 42, rue Mathurin-Régnier (XVe) ; Maître de conférences à la Faculté des Sciences. (R. U.)

MOYNE (Émile), 58, rue Demours (XVIIe) ; Directeur de l'usine de Colombes de la Compagnie Française Thomson-Houston, Ingénieur des A. et M.

NEUFLIZE (Baron André de), 11 *bis*, rue Dumont-d'Urville (XVIe), Passy 58-84 ; Banquier.

NEUFLIZE (Baron Jean de), 7, rue Alfred-de-Vigny (VIIIe), Élys. 08-83 ; Régent de la Banque de France, Vice-Président de la Compagnie P.-L.-M., Président de la Compagnie d'Assurances Générales, Président de la Banque Ottomane.

NEUFLIZE (Jacques de), 7, rue Alfred-de-Vigny (VIIIe); Banquier.

NOGARO (Bertrand), 7, rue Edmond-Guilhout (XVe); Professeur à la Faculté de Droit, Député des Basses-Pyrénées; ancien Ministre.

NOLHAC (Pierre de), 158, boulevard Haussmann (VIIIe); de l'Académie Française, Conservateur honoraire des Musées nationaux, Directeur du Musée Jacquemart-André (M. H.)

OLDS (Robert-Edwin), 9, rue de Lille (VIIe); Avocat, Membre des Board of Trustees American Library Paris, Board of Governors American Hospital Paris, Advisory Committee de la Ligue de la Société de Croix-Rouge. (R. U.)

OREFICE (Raoul-Roger), 63, rue de la Faisanderie (XVIe); Ingénieur E. C. P.

OUALID (William), 57, boulevard Pasteur (XVe) ; Professeur à la Faculté de Droit.

PAVIE (Georges), 25, rue Boissy-d'Anglas (VIIIe) ; Ingénieur.

PERONY (Jean), 16, rue Erlanger (XVIe), Ingénieur.

PETIT (Paul), 49 *bis*, rue Berthier, *Versailles*; Administrateur de la Société Générale.

PETIT (Paul), Professeur à la Faculté des Sciences, 15, place Carnot, Nancy.

PETIT-DUTAILLIS (Charles-Edmond), 96, boulevard Raspail (VIe); Inspecteur général de l'Instruction Publique, Directeur de l'Office National des Universités, Recteur honoraire. (R. U.)

PETSCHE (Albert-Charles), 8, boulevard Émile-Augier (XVIe); Aut. 21-53; Ingénieur en chef des Ponts et Chaussées.

PEYSTER (Henry de), 3, rue Ancelle, *Neuilly-sur- Seine*; Professeur à l'École des Sciences Politiques, Docteur ès Lettres, Inspecteur des Finances. (R. U.)

PICQUE (Robert), 39, cours de Merlin, *Talence* (Gironde), Hôpital Complémentaire de Talence ; Médecin principal de l'Armée, Professeur à la Faculté de Médecine de Bordeaux, Docteur en Médecine, Docteur ès Sciences, Agrégé du Val-de-Grâce. (R. U.)

PIÉRON (Henri), 52, route de la Plaine, *Le Vésinet* (S.-et-O.) ; Professeur au Collège de France. (R. U.)

PINARD (André-Louis-Émile), 42, cours Albert-Ier (VIIIe), Élys. 82-83 ; Membre de la Société d'Économie Politique. (R. U.)

PLICHON (Jean) ; Ingénieur des Arts et Manufactures; Président de la Cie des Mines de Béthune; Vice-Président du Comité Central des houillères de France, de la Société des Mines de Blanzy, des charbonnages de Limbourg (Meuse); Député du Nord, 250 *bis*, boulevard Saint-Germain.

POTIN (Julien), 9, boulevard Richard-Wallace, *Neuilly-sur-Seine*, Wagr. 81-25; Industriel.

PRÉVOST (Marcel), 49, rue Vineuse (XVIe), Passy 85-08; de l'Académie Française, Homme de Lettres, Président honoraire de la Société des Gens de Lettres. (M. H.)

PROIX (Jean-Henri), 28, rue Guynemer (VIe) ; Sous-Directeur de l'Union des Fabricants d'Huile de France, Agrégé de l'Université. (R. U.)

PROUVOST (Jean), 45, rue Laffitte (IXe) ; Industriel.

PUECH (Jules), 91, avenue Henri-Martin (XVIe), Passy 81-15 ; Industriel.

QUENTIN (Marcel-André), 22, rue Pluche, *Reims* (Marne) ; Administrateur des Docks Rémois.

RAGEOT (Gaston), 49, avenue de Malakoff (XVIe), Passy 43-75; Homme de Lettres. (R. U.)

RAMON (Gabriel), 31, rue de Constantinople (VIIIe). (R. U.)

RAVENEAU (Louis), 76, rue d'Assas (VIe), Ség. 18-54 ; Professeur agrégé de Géographie.

REBUFFEL (Charles), 3, rue du Général-Appert (XVIe), Passy 80-54; Président de la Société des Grands Travaux de Marseille.

REGAUD (Claudius), 1, rue Pierre-Curie (V^e), Gob. 45-75 ; Professeur à l'Institut Pasteur, Directeur du Laboratoire de Biologie de l'Institut de Radium et des Sciences Thérapeutiques de la Fondation Curie. (R. U.)

RÉVILLON (Victor), 32, avenue Henri-Martin (XVIe) ; Président de la Société Révillon Frères, Administrateur de la Banque Nationale Française pour le Commerce Extérieur.

RÉGNIER (Henri de), 24, rue Boissière (XVIe) ; de l'Académie Française. (M. H.)

REY (François-Abel), 77, boulevard de Montmorency (XVIe) ; Professeur à la Sorbonne.

RICHEPIN (Jean), 8, villa Guibert (XVIe), Passy 25-31; de l'Académie Française, Homme de Lettres.

RIST (Charles), rue du Parc-de-Clagny, *Versailles* ; Professeur à la Faculté de Droit de Paris, Sous-Gouverneur de la Banque de France (R. U.)

ROBARD (Pierre), 284, boulevard Saint-Germain (VIIe) ; Administrateur-Directeur de la Société « La Visserie Rationnelle ».

ROBARD (René), 284, boulevard Saint-Germain (VIIe), Fleurus 00-22; Président de la Société des Tréfileries et Laminoirs du Havre.

ROUGE (Julien), 252, boulevard Saint-Germain (VIIe) ; Professeur à la Sorbonne. (R. U.)

ROULE (Louis), 56, rue Geoffroy-Saint-Hilaire (V^e) ; Professeur au Muséum National d'Histoire Naturelle, Docteur en Médecine, Docteur ès Sciences. (R. U.).

ROZ (Firmin), 32, rue Michel-Ange (XVIe) ; Directeur-adjoint de l'Office National des Universités. (R. U.)

SCELLE (Georges), 6, rue des Bons-Enfants, *Dijon* (Côte-d'Or); Professeur à la Faculté de Droit de l'Université de Dijon. (R. U.)

SCHELLE (Gustave), 27, rue d'Amsterdam (VIIIe) ; Membre de l'Institut. (R. U.)

SCHLUMBERGER (Maurice), 16, avenue de La Bourdonnais (VIIe), Ség. 80-79.

SCHNEIDER (Edmond), 15, rue Froidevaux (XIVe) ; Directeur des Presses Universitaires. (R. U.)

SCHOULER (Charles), 106, avenue de Versailles (XVIe) ; Ingénieur, Directeur des Usines de la Compagnie Thomson-Houston.

SÉBILEAU (Pierre), 56, rue La Boétie (VIIe), Élys. 11-61; Professeur à la Faculté de Médecine.

SERRUYS (Daniel), 2, rue Le Regrattier (IVe) ; Directeur des Accords Commerciaux et de l'Information Économique au Ministère du Commerce et de l'Industrie. (R. U.)

SIEGFRIED (André), 8, rue de Courty (VIIe) ; Professeur à l'École des Sciences Politiques, Docteur ès Sciences. (R. U.)

SIEGLER (Jean), 11, avenue de Boufflers, villa Montmorency (XVIe) ; Ingénieur au Corps des Mines.

SIMIAND (François), 27, boulevard de La Tour-Maubourg (VIIe) ; Professeur au Conservatoire National des A. et M. et à l'École Pratique des Hautes-Études, Agrégé de Philosophie, Docteur en Droit. (R. U.)

SIMON-MARTIN (Eugène-Alexandre), 13, quai Saint-Michel (V^e) ; Ingénieur.

SOLLIER (Paul), 14, rue Clément-Marot (VIIIe), Élys. 75-83 ; Docteur en Médecine, Professeur à l'Institut des Hautes-Études de Belgique. (R. U.)

TEYSSAIRE (Jean-Émile), 5, rue Valentin-Haüy (XVe) ; Docteur en Droit. (R. U.)

THERON (Charles), 3, place Godinot, *Reims* (Marne) ; Administrateur des Docks Rémois.

THIRIEZ (Étienne), 61, rue du faubourg de Béthune, Lille; Industriel.

TIFFENEAU (Marc), 12, rue Rosa-Bonheur (XVe) ; Professeur agrégé à la Faculté de Médecine de Paris. (R. U.)

TOUZET (André-Léon), 9, rue Claude-Pouillet (XVIIe) ; Gouverneur général des Colonies.

TRUCHY (Henri), 24, rue Saint-Ferdinand (XVIIe) ; Professeur à la Faculté de Droit, Membre de l'Institut. (R. U.)

VAN DYKE (Paul), 1, rue de Fleurus (VIe) et Princeton, N. J. (U.S.A.); Professeur à l'Université de Princeton. (R. U.)

VEILLET-LAVALLÉE (Charles), 2, rue Mizon (XVe); Professeur d'anglais à l'École Arago et à l'École des Hautes-Études Commerciales. (R. U.)

VERRIER (Paul), 19, quai de Bourbon (IVe) ; Professeur à la Sorbonne. (R. U.)

VIALLATE (Achille), 1, square Raynouard (XVIe) ; Professeur à l'École des Sciences Politiques (R. U.)

VIDAL (Emmanuel), 4, rue Meissonier (XVIIe), Wagr. 07-37; Publiciste, Secrétaire perpétuel de la Société d'Économie politique.

VILLARET (Maurice), 8, avenue du Parc-Monceau (VIIIe), Élys. 84-64 et 12-36; Professeur agrégé à la Faculté de Médecine, Médecin des Hôpitaux de Paris. (R. U.)

WOLFF (Robert), 130, avenue Victor-Hugo (XVIe) ; Banquier, ancien ingénieur au Corps des Ponts-et-Chaussées.

YVES-GUYOT, 95, rue de Seine (VIe), Fleurus 08-19; ancien Ministre, Directeur du *Journal des Économistes* et de l'Agence Économique et Financière. (R. U.)

ZUNZ (Robert), 32, avenue Henri-Martin (XVIe) ; Banquier.

CLUB DE LA RENAISSANCE FRANÇAISE

OBJET

Le Club de la Renaissance Française constitue un centre qui, à l'exemple des grands Clubs anglais ou américains, réunit en un contact intime et quotidien, dans sa bibliothèque et ses salons, dans ses salles de lecture, de conférences et de restaurant, tous les agents de la prospérité nationale, et qui ainsi rend facile la collaboration de l'intelligence et de l'énergie françaises.

Le Club sert également de trait d'union entre Paris et la province ; il est l'organe indispensable d'un contact intellectuel aisé et permanent avec nos amis de l'étranger.

Le Club de la Renaissance Française comprend des membres permanents et des membres temporaires.

Les membres permanents sont exclusivement recrutés parmi les membres de l'*Association Républicaine de Rénovation Nationale.*

Peuvent seuls, en principe, être admis comme membres temporaires les étrangers ou les Français habitant à l'étranger et de passage à Paris. Ils paient une cotisation mensuelle de 30 francs.

Dans le but de faciliter le contact des intellectuels et des hommes d'action et l'accueil à Paris des intellectuels étrangers de passage, le Club de la Renaissance Française admet en qualité de membres permanents les membres du *Rapprochement Universitaire.*

Les membres inscrits à ce groupement avant le 31 décembre 1919 sont admis de plein droit s'ils le désirent. Ses adhérents plus récents et futurs sont soumis au ballottage.

EXTRAIT DES STATUTS

Article premier. — Il est formé sous le nom de *Club de la Renaissance Française* une association dont le but est de faciliter la réunion et le travail en commun des citoyens français s'intéressant aux questions intellectuelles, économiques et sociales, à l'expansion de la France et à son rayonnement à l'extérieur.

Art. 2. — Le siège du Club est établi à Paris, 12, rue de Poitiers.

Il pourra être transféré en tout autre endroit du département de la Seine sur simple décision du Comité.

Art. 3. — Toute personne qui désire faire partie du *Club de la Renaissance Française* doit être présentée par deux membres.

Nul ne pourra être agréé comme membre du Club qu'après avoir été soumis à un scrutin auquel les membres du Comité peuvent seuls prendre part.

Un vote contraire sur trois exprimés suffit pour l'ajournement du candidat.

Le scrutin sera précédé d'un affichage de huit jours dans les salons du Club.

Art. 4. — Les membres du Club versent une cotisation annuelle de cinquante francs, payable d'avance.

Chaque membre doit, en outre, verser à la caisse du Club sa part proportionnelle des impôts et taxes dus à l'État et à la Ville.

EXTRAIT DU RÈGLEMENT

— Le restaurant du Club est ouvert tous les jours de la semaine, à midi et le soir.

Toutefois, pour les repas du soir, les membres sont instamment priés de bien vouloir prévenir à l'avance de leur venue et du nombre de leurs invités.

— Les femmes faisant partie de la famille des membres du Club sont admises, à titre d'invitées, au restaurant du Club.

— Les salons du Club sont mis à la disposition des membres désireux d'y organiser des réceptions.

TABLE DES MATIÈRES

TABLE DES PLANCHES

Paris, 1926. — Typ. Ph. Renouard, 19, rue des Saints-Pères. — 58151.

www.ingramcontent.com/pod-product-compliance
Ingram Content Group UK Ltd.
Pitfield, Milton Keynes, MK11 3LW, UK
UKHW020357220726
13923UKWH00004B/1646

9 782329 087535